Tha an leabhar
seo le:

– – – – – – – – – –

– – – – – – – – – –

acair

Canaidh cù halò
gu slùbrach
agus sona...

halò gu laghach agus leòmach...

Canaidh losgann
halò
gu tapaidh
agus toilichte...

Canaidh cear gu froga

alò
agus faramach...

Canaidh
daolag hald

gu beag-biodach

agus

bragail...

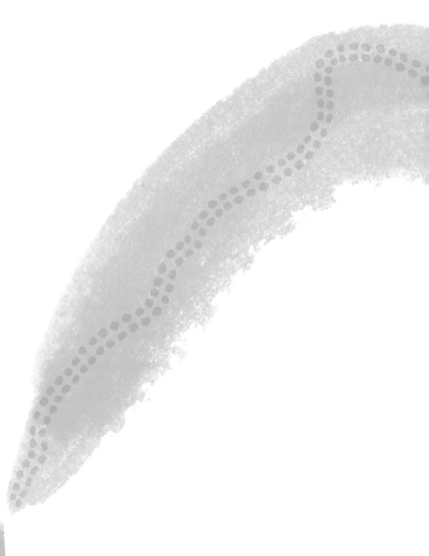

mar
seo!

brag brig brig brig brig
brig brag brag brig brag
brag brig brag brag
brig brag brig
brag brig brag
brag brig brag
brag brig
brag

brag
brig brig
brig brag brag
brig brag
brag brig
brag

Canaidh asa
h-easgaidh
agu.

halò gu

Èibhinn...